啊	阿姨
a	āyí
for interjection	aunt, Mrs.

矮	爱
ǎi	ài
short	love

安静	安全
ānjìng	ānquán
quiet	safe

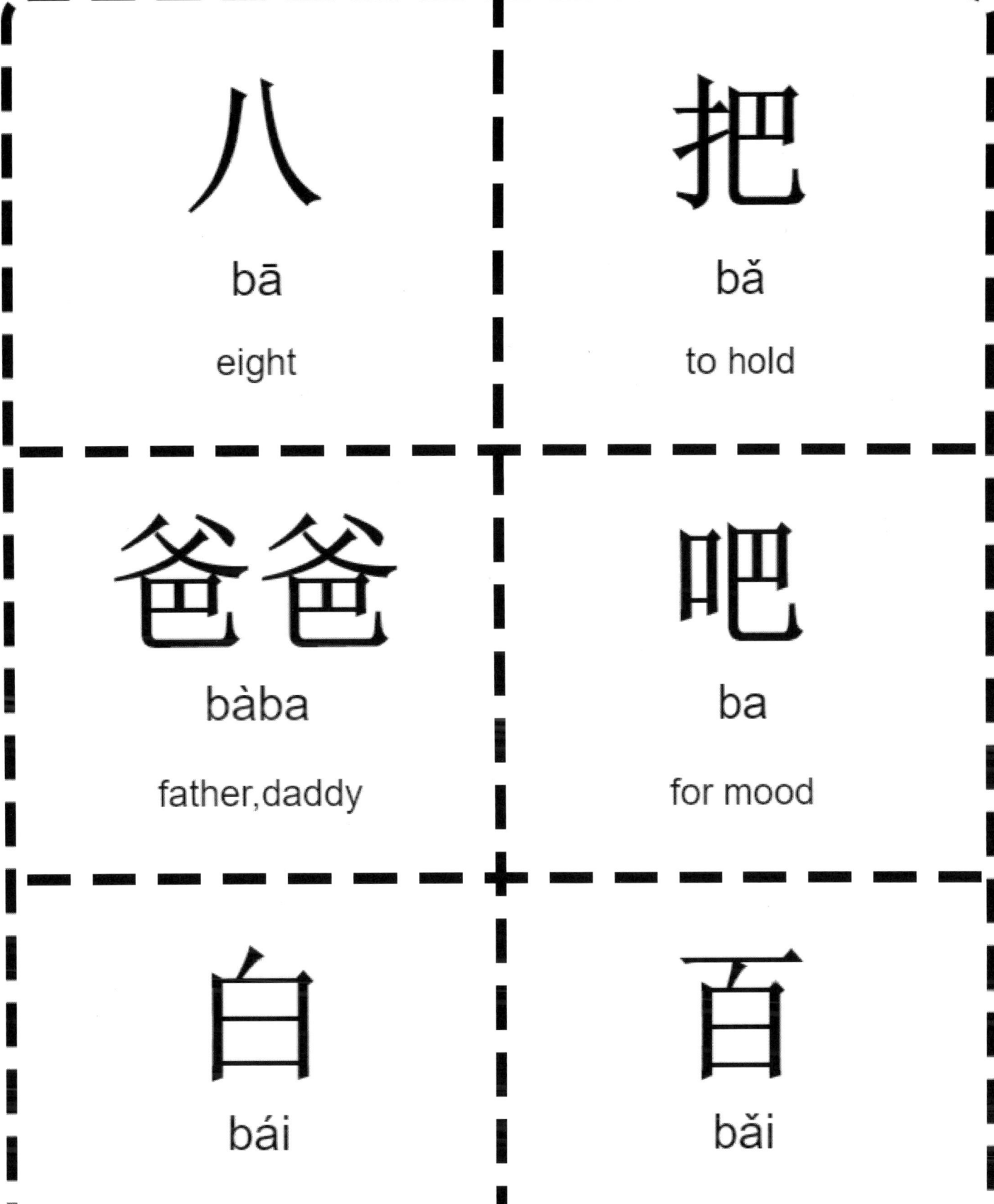

搬 bān move	半 bàn half
办法 bànfǎ way	帮助 bāngzhù help
包子 bāozi steamed stuffed pun	饱 bǎo full

报纸 bàozhǐ newspaper	杯子 bēizi cup
北方 běifāng north	北京 Běijīng Beijing
被 bèi by	本 běn used for books of various kind

鼻子 bízi nose	比 bǐ than
比赛 bǐsài match	必须 bìxū must
毕业 bìyè graduate	变化 biànhuà change

表演 biǎoyǎn perform	别 bié not
别人 biérén other people	冰激凌 bīngjīlíng ice cream
冰箱 bīngxiāng refrigerator	饼干 bǐnggān biscuit

不但…而且… búdàn…érqiě… not only…but also…	不客气 bú kèqi you're welcome.
不 bù no, not	猜 cāi guess
菜 cài dish	参观 cānguān visit

参加 cānjiā — join, attend	草地 cǎodì — grass
层 céng — floor	茶 chá — tea
长 cháng — long	长城 chángchéng — The Great Wall

尝 cháng — taste	唱歌 chànggē — sing
超市 chāoshì — supermarket	车站 chēzhàn — station
成绩 chéngjì — score	吃 chī — eat

迟到 chídào late	虫子 chóngzi worm
出 chū out	出发 chūfā set out
初中 chūzhōng junior school	除了 chúle except

穿 chuān wear	窗户 chuānghù window
床 chuáng bed	春季 chūnjì spring
词典 cídiǎn dictionary	次 cì used for times

聪明 cōngmíng smart	**从** cóng from
错 cuò wrong	**打电话** dǎ diànhuà call
打篮球 dǎ lánqiú play basketball	**打扰** dǎrǎo bother

打扫 dǎsǎo clean	打算 dǎsuàn plan
打针 dǎzhēn injection	大 dà big
大概 dàgài about	大海 dàhǎi sea

大家 dàjiā — everyone	大象 dàxiàng — elephant
带 dài — take	戴 dài — wear
担心 dānxīn — be worried about	蛋糕 dàngāo — cake

但是 dànshì but	当然 dāngrán of course
到处 dàochù everywhere	地 de for grammar
的 de for grammar	得 de for grammar

等 děng — wait	弟弟 dìdi — young brother
地铁 dìtiě — subway	地图 dìtú — map
地址 dìzhǐ — address	第一 dì-yī — first

点 diǎn — clock	电灯 diàndēng — lamp
电脑 diànnǎo — computer	电视 diànshì — television
电梯 diàntī — elevator, escalator	电影 diànyǐng — movie

电子邮件	丢
diànzǐ yóujiàn	diū
e-mail	throw
东	东西
dōng	dōngxi
east	thing
冬	懂
dōng	dǒng
winter	understand

动物园 dòngwùyuán — zoo	都 dōu — all
读 dú — read	肚子 dùzi — belly
短 duǎn — short	锻炼 duànliàn — exercise

对(形) duì right	对(介) duì for
对不起 duìbuqǐ sorry	多 duō much
多么 duōme how	多少 duōshao how much, how many

饿 è hungry	儿子 érzi son
耳朵 ěrduo ear	二 èr two
发烧 fāshāo fever	方便 fāngbiàn convenient

房间 fángjiān room	放 fàng put
放假 fàngjià day off, have a holiday	非常 fēicháng very
飞机 fēijī airplane	分钟 fēnzhōng minute

服务员 fúwùyuán — waiter, waitress	附近 fùjìn — nearby
复习 fùxí — review	干净 gānjìng — clean
敢 gǎn — dare	感冒 gǎnmào — have a cold

感兴趣 gǎn xìngqù have an interest	刚才 gāngcái just now
高 gāo tall	高兴 gāoxìng happy
告诉 gàosu tell	哥哥 gēge old brother

个 gè used before nouns without special measure words of their own	个子 gèzi height
给 gěi give	更 gèng much more
功夫 gōngfu Kungfu	公共汽车 gōnggòngqìchē bus

公斤 gōngjīn — kilogram	公里 gōnglǐ — kilometer
公园 gōngyuán — park	工作 gōngzuò — work
狗 gǒu — dog	够 gòu — enough

刮风 guāfēng — blow wind	挂 guà — hang
关 guān — close	关于 guānyú — about
贵 guì — expensive	国家 guójiā — country

果汁 guǒzhī juice	过 guo for grammar
哈 hā for laugh	还 hái also
还是 háishì also	孩子 háizi children

害怕 hàipà afaid	寒假 hánjià winter holiday
汉语 Hànyǔ Chinese, mandarin	好 hǎo good
好吃 hǎochī delicious	好像 hǎoxiàng look like

号 hào date	号码 hàomǎ number
喝 hē drink	和 hé and
合适 héshì fit, suit	盒子 hézi box

黑 hēi black	很 hěn very
红 hóng red	猴子 hóuzi monkey
后 hòu behind	蝴蝶 húdié butterfly

护士 hùshi nurse	互相 hùxiāng muture
花 huā flower	画 huà draw
坏 huài bad	欢迎 huānyíng welcome

还 huán reture	换 huàn exchange
黄 huáng yellow	回 huí back
会 huì can	火车 huǒchē train

或者 huòzhě or	鸡蛋 jīdàn egg
极 jí most	几 jǐ how much, how many
记得 jìde remember	既…又… jì…yòu… …and…

加 jiā add	家 jiā home
坚持 jiānchí insist	减 jiǎn subtract
件 jiàn used for clothes or thing	健康 jiànkāng health

见面 jiànmiàn meet	将来 jiānglái future
讲 jiǎng speak	教 jiāo teach
脚 jiǎo foot	饺子 jiǎozi dumpling

叫 jiào call	教室 jiàoshì classroom
接 jiē catch, pick up	节目 jiémù program
节日 jiérì festival	姐姐 jiějie old sisiter

借 jiè — borrow	介绍 jièshào — introduce
今天 jīntiān — today	紧张 jǐnzhāng — nervous
进 jìn — come in	近 jìn — close

经常 **jīngcháng** often	警察 **jǐngchá** police
九 **jiǔ** nine	旧 **jiù** old
就 **jiù** soon, right now	句子 **jùzi** sentence

觉得 juéde think	决定 juédìng decide
开 kāi open	开会 kāihùi have a meeting
开始 kāishǐ begin	看 kàn see

考试 kǎoshì exam	烤鸭 kǎoyā roast duck
渴 kě thirsty	可爱 kě'ài cute
可能 kěnéng probab	可以 kěyǐ can

刻 kè carve	课 kè course
空调 kōngtiáo air-conditioner	口 kǒu mouth
哭 kū cry	裤子 kùzi trousers

块 kuài piece	快 kuài fast
快乐 kuàilè happy	筷子 kuàizi chopsticks
辣 là spicy	来 lái come

来得及 láidejí be able to make it	蓝 lán blue
老 lǎo old	老虎 lǎohǔ tiger
老师 lǎoshī teacher	了 le for grammar

累 lèi — tired	冷 lěng — cold
离 lí — from	离开 líkāi — leave
梨 lí — pear	礼貌 lǐmào — polite

里面 lǐmiàn inside	礼物 lǐwù gift
厉害 lìhai awsome	俩 liǎ two
联系 liánxì contact	脸 liǎn face

练习 liànxí exercise	凉快 liángkuài cool
两 liǎng two	辆 liàng for vehicle
聊天儿 liáotiānr chat	邻居 línjū neighbor

零 líng zero	另外 lìngwài besides
流汗 liúhàn sweat	六 liù six
楼 lóu building	旅游 lǚyóu travel

绿 lǜ green	妈妈 māma mother
马虎 mǎhu careless	马上 mǎshàng right now
吗 ma for question	买 mǎi buy

卖 mài — sell	慢 màn — slow
忙 máng — busy	猫 māo — catch, pick up
没关系 méi guānxi — you're welcome.	没有 méiyǒu — not, don't have

玫瑰花 méiguīhuā rose	每 měi each, every
妹妹 mèimei young sister	门口 ménkǒu doorway
迷路 mílù lost one's way	米饭 mǐfàn rice

面包 miànbāo — bread	面条 miàntiáo — noodle
明白 míngbai — understand	明天 míngtiān — tomorrow
名字 míngzi — name	拿 ná — take

哪(哪儿) nǎ(nǎr) where	那(那儿) nà(nàr) there
奶奶 nǎinai grandmother	男 nán male
南 nán south	难 nán difficult

难过 nánguò sad	呢 ne for question
能 néng can	你 nǐ you
年 nián year	年级 niánjí grade

年轻 niánqīng young sister	**鸟** niǎo bird
您 nín you(respect)	**牛奶** niúnǎi milk
努力 nǔlì work hard	**女** nǔ female

女儿 nǚ'er daughter	暖和 nuǎnhuo warm
爬山 páshān climb the mountain	排队 páiduì queue up
排球 páiqiú volleyball	盘子 pánzi plate

旁边 pángbiān beside	胖 pàng fat
跑步 pǎobù run	朋友 péngyou friend
便宜 piányi cheap	漂亮 piàoliang beautiful

乒乓球 pīngpāngqiú table tennis	苹果 píngguǒ apple
破 pò broken	葡萄 pútao grape
七 qī seven	奇怪 qíguài weird

骑马 qímǎ ride a horse	其他 qítā other
起床 qǐchuáng get up	起来 qǐlái up
千 qiān thousand	铅笔 qiānbǐ pencil

前 qián — front	钱 qián — money
桥 qiáo — bridge	巧克力 qiǎokèlì — chocolate
清楚 qīngchu — clear	晴 qíng — sunny

请 qǐng please	秋 qiū autumn
去 qù go	去年 qùnián last year
裙子 qúnzi skirt	然后 ránhòu then

让 ràng — let, make	热 rè — hot
认识 rènshi — know	认真 rènzhēn — serious
容易 róngyì — easy	如果…那么… rúguǒ…nàme… — if…then…

三 sān three	散步 sànbù walk
沙发 shāfā sofa	商店 shāngdiàn shop, store
上班 shàngbān go to work	上边 shàngbian above

上海 shànghǎi	上网 shàngwǎng surf the Internet
少 shǎo few, little	谁 shéi who, whom
身体 shēntǐ body	什么 shénme what

生病 shēngbìng feel sick	生活 shēnghuó live
生气 shēngqì angry	生日 shēngrì birthday
声音 shēngyīn sound	十 shí ten

时候 shíhou time	时间 shíjiān time
是 shì to be	事情 shìqing matter, problem
手 shǒu hand	手表 shǒubiǎo watch

瘦 shòu slim	受不了 shòubuliǎo can't stand
售票员 shòupiàoyuán ticket seller	书包 shūbāo schoolbag
舒服 shūfu comfortable	叔叔 shūshu uncle

熟悉 shúxī familiar	暑假 shǔjià summer holiday
刷牙 shuā yá brush teeth	双 shuāng double
水 shuǐ water	水果 shuǐguǒ fruit

睡觉 shuìjiào sleep	说话 shuōhuà speak
四 sì four	送 sòng send
虽然 suīrán though	岁 suì year

孙子 sūnzi — grandson	所以 suǒyǐ — so
他 tā — he, him	她 tā — she, her
它 tā — it	太 tài — too

太阳 tàiyáng sun	弹钢琴 tán gāngqín play the piano
汤 tāng soup	糖 táng sugar
躺 tǎng lie	桃 táo peach

讨论 tǎolùn discuss	讨厌 tǎoyàn hate
特别 tèbié special	疼 téng hurt
踢足球 tī zúqiú play soccer	体育馆 tǐyùguǎn gymnasium

天气 tiānqì weather	甜 tián sweat
条 tiáo used for long,thin,narrow things	跳舞 tiàowǔ dance
听 tīng listen	听说 tīngshuō it's said

停 tíng — stop	同学 tóngxué — classmate
同意 tóngyì — agree	头发 tóufa — hair
突然 tūrán — sudden	图书馆 túshūguǎn — library

兔子 tùzi rabbit	腿 tuǐ leg
脱 tuō take off	外面 wàimiàn outside
完 wán finish	玩 wán play

玩具 wánjù toy	晚上 wǎnshang evening
万 wàn Measure word for number	网球 wǎngqiú tennis
忘记 wàngjì forget	危险 wēixiǎn dangerous

喂 wèi for greeting	为了 wèile for
为什么 wèi shénme why	问 wèn ask
问题 wèntí question	我 wǒ I, me

我们 wǒmen we, us	**无论** wúlùn no matter
五 wǔ five	**西** xī west
西瓜 xīguā watermelon	**西红柿** xīhōngshì tomato

希望 xīwàng — hope	习惯 xíguàn — used to
喜欢 xǐhuān — like	洗手间 xǐshǒujiān — toilet
洗澡 xǐzǎo — take a shower	下 xià — down

下雪 xiàxuě — snowy	夏 xià — summer
先 xiān — first	先生 xiānsheng — Mr.
现在 xiànzài — now	香蕉 xiāngjiāo — banana

响 xiǎng — loud	**想** xiǎng — think
向 xiàng — toward	**小** xiǎo — small
小姐 xiǎojiě — Miss.	**小时** xiǎoshí — hour

小心 xiǎoxīn careful	笑 xiào smile
校园 xiàoyuán campus	些 xiē some
鞋 xié shoes	写 xiě write

谢谢 xièxie thank you, thanks	新 xīn new
新闻 xīnwén news	心情 xīnqíng mood
信封 xīnfēng envelope	星期 xīngqī week

星星 **xīngxīng** star	行 **xíng** ok
醒 **xǐng** wake	幸福 **xìngfú** happiness
熊猫 **xióngmāo** panda	休息 **xiūxi** rest

选择 xuǎnzé choose	学生 xuésheng student
学习 xuéxí study	学校 xuéxiào school
颜色 yánsè color	眼镜 yǎnjìng glasses

眼睛 yǎnjing eyes	羊肉 yángròu mutton
药 yào medicine	要 yào want, need
钥匙 yàoshi key	爷爷 yéye grandpa

也 yě also	页 yè page
一 yī one	衣服 yīfu clothes
医生 yīshēng doctor	医院 yīyuàn hospital

一定 yídìng — must	一共 yígòng — totally
一会儿 yíhuìr — for a while	一下儿 yíxiàr — for a while
一样 yíyàng — same	已经 yǐjīng — already

以前 yǐqián — before	以为 yǐwéi — think
椅子 yǐzi — chair	一边…一边… yìbiān…yìbiān… — doing A and B the same time
一点儿 yìdiǎnr — a little	一起 yìqǐ — together

意思 yìsi meaning	**一直** yìzhí all the time
因为 yīnwèi because	**饮料** yǐnliào drink
应该 yīnggāi should	**勇敢** yǒnggǎn brave

用 yòng use	游戏 yóuxì game
游泳 yóuyǒng swim	有 yǒu have
有名 yǒumíng famous	右 yòu right

鱼 yú fish	**雨伞** yǔsǎn umbrella
元 yuán Measure word for money	**圆** yuán round
远 yuǎn far	**月** yuè moon

月亮 yuèliàng moon	越来越 yuèláiyuè more and more
云 yún cloud	运动 yùndòng sport
杂志 zázhì magazine	在 zài at,in

再 zài — again	再见 zàijiàn — goodbye
早上 zǎoshang — morning	怎么 zěnme — how
怎么样 zěnmeyàng — how is it	站 zhàn — stand

张 zhāng — used for things with a surface	着急 zháojí — hurry
找 zhǎo — find, search	照顾 zhàogù — look after
照片 zhàopiàn — picture	照相 zhàoxiàng — take photos

这(这儿) zhè(zhèr) here	着 zhe for grammar
真 zhēn really	正在 zhèngzài be doing
只 zhǐ only	知道 zhīdào understand

知识 zhīshi knowledge	只要 zhǐyào as long as
中国人 Zhōngguórén Chinese	中间 zhōngjiān middle
中午 zhōngwǔ noon	种 zhǒng kind

重要 zhòngyào — important	周末 zhōumò — weekend
住 zhù — live	祝贺 zhùhè — congratulation
注意 zhùyì — attention	准备 zhǔnbèi — prepare

准时 zhǔnshí — on time	桌子 zhuōzi — table
自己 zìjǐ — oneself	自行车 zìxíngchē — bicycle
走 zǒu — walk	最 zuì — most

最近 zuìjìn recently	昨天 zuótiān yesterday
左 zuǒ left	坐 zuò sit
做 zuò do	作业 zuòyè assignment

Worksheet

Worksheet

Worksheet

Worksheet

Printed in Great Britain
by Amazon